Impressum
Verlag: BABADADA GmbH, Nedderfeld 112 , 22529 Hamburg
Geschäftsführer / Verlagsleitung: Harald Hof
Druck: Books on Demand GmbH, In de Tarpen 42, 22848 Norderstedt

Imprint
Publisher: BABADADA GmbH, Nedderfeld 112 , 22529 Hamburg, Germany
Managing Director / Publishing direction: Harald Hof
Print: Books on Demand GmbH, In de Tarpen 42, 22848 Norderstedt

școală

el colegio

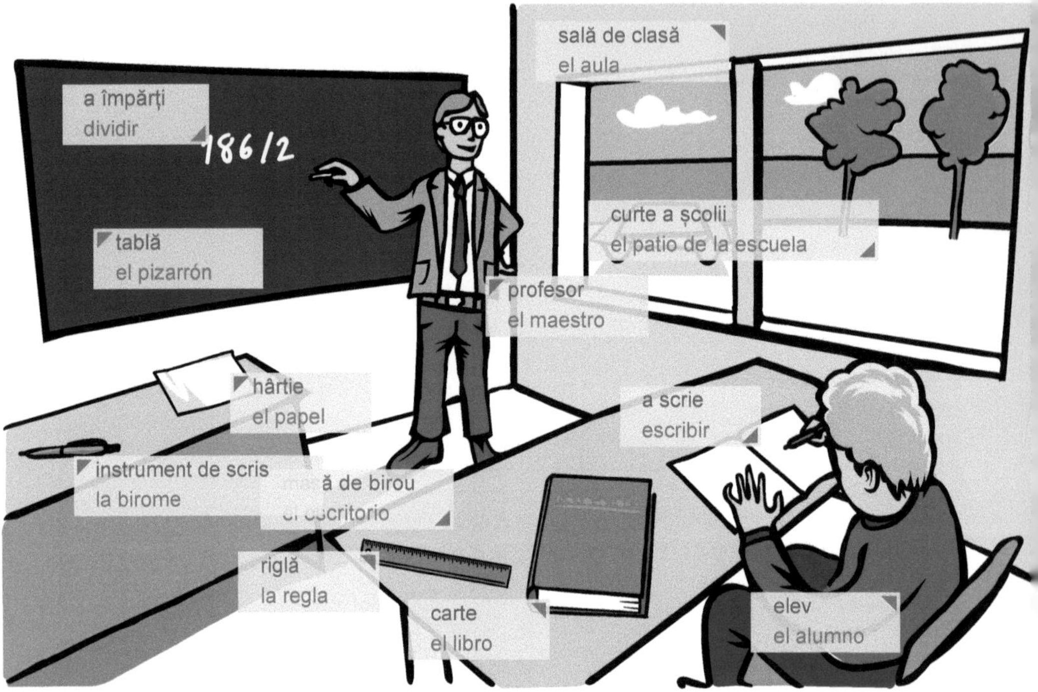

a împărți
dividir
186/2
sală de clasă
el aula
tablă
el pizarrón
curte a școlii
el patio de la escuela
profesor
el maestro
hârtie
el papel
a scrie
escribir
instrument de scris
la birome
ă de birou
scritorio
riglă
la regla
carte
el libro
elev
el alumno

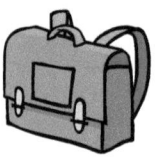

ghiozdan

la mochila

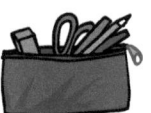

penar

la caja de lápices

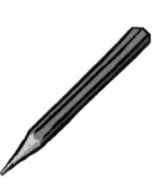

creion

el lápiz

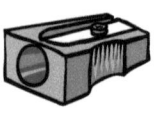

ascuțitoare

el sacapuntas

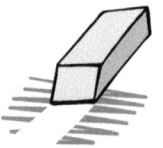

radieră

la goma (de borrar)

bloc de desen

el bloc de dibujo

desen

el dibujo

pensulă

el pincel

cutie de acuarele

la caja de pinturas

foarfece

la tijera

lipici

el pegamento

caiet de exerciţii

el cuaderno de ejercicios

temă

la tarea

număr

el número

2+2

a aduna

sumar

5-2

a scădea

restar

2x2

a multiplica

multiplicar

a calcula

calcular

A

literă

la letra

ABCDEFG
HIJKLMN
OPQRSTU
VWXYZ

alfabet

el abecedario

hello

cuvânt

la palabra

text

el texto

a citi

leer

cretă

la tiza

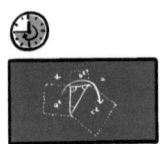

oră

la lección

catalog

el cuaderno de clase

examen

el examen

certificat

el certificado

uniformă şcolară

el uniforme escolar

educaţie

la educación

enciclopedie

la enciclopedia

universitate

la universidad

microscop

el microscopio

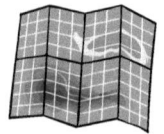

hartă

el mapa

coş de gunoi

el tacho (de basura)

călătorie

el viaje

hotel
el hotel
Grand
hostel
el hostel
ROOMS
casă de schimb valutar
la casa de cambio
valiză
la valija
autovehicul
el auto

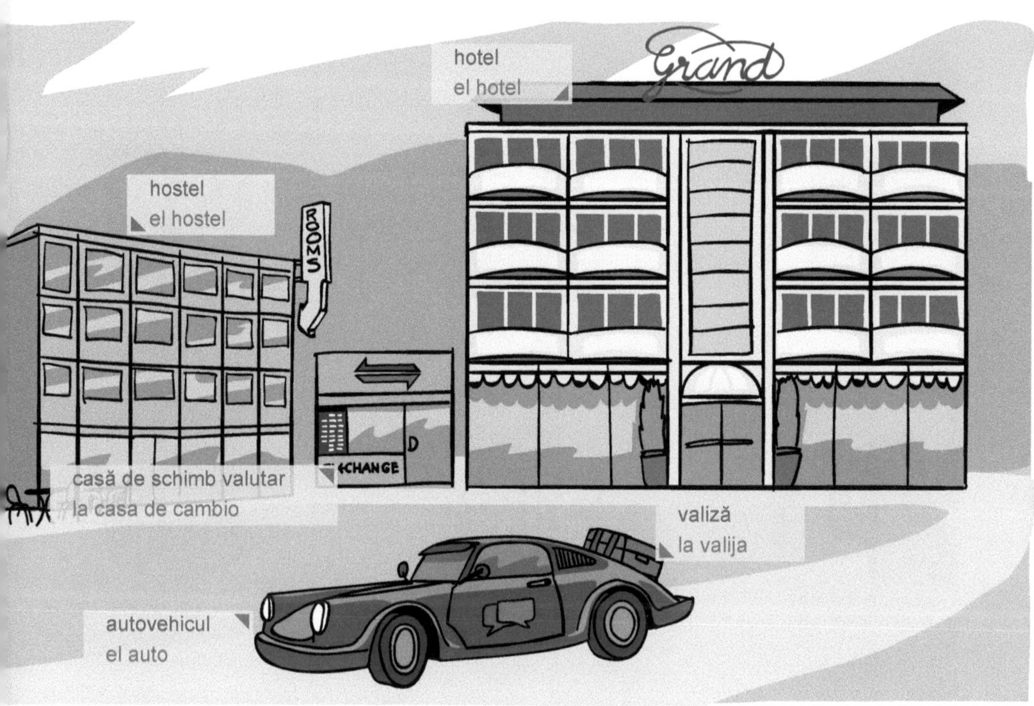

limbă

el idioma

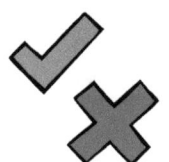

da/nu

sí / no

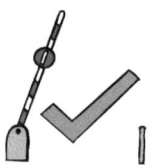

okay

Está bien

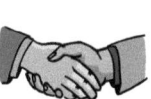

Bună!

hola

interpret

el traductor

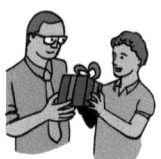

mulțumesc

Gracias

Cât costă...?

¿cuánto cuesta...?

Nu înțeleg

No entiendo

problemă

el problema

Bună seara!

¡Buenas tardes!

Bună dimineața!

¡Buenos días!

Noapte bună!

¡Buenas noches!

la revedere

el adiós

direcție

la dirección

bagaj

el equipaje

geantă

el bolso

rucsac

la mochila

oaspete

el invitado

cameră

la habitación

sac de dormit

la bolsa de dormir

cort

la carpa

punct de informare turistică
....
la información turística

plajă
....
la playa

carte de credit
....
la tarjeta de crédito

mic dejun
....
el desayuno

masa de prânz
....
el almuerzo

cină
....
la cena

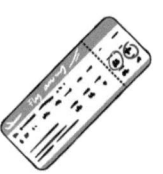

bilet de călătorie
....
el pasaje

lift
....
el ascensor

timbru poştal
....
el sello

graniţă
....
la frontera

vamă
....
la aduana

ambasadă
....
la embajada

viză
....
la visa

paşaport
....
el pasaporte

transport
el transporte

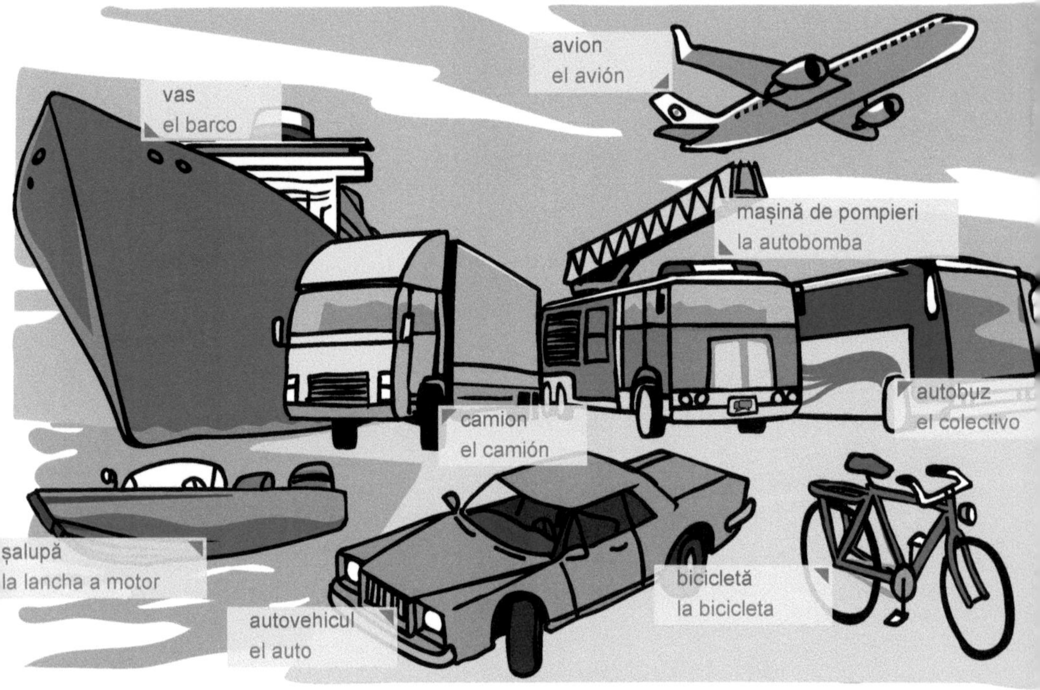

avion
el avión
vas
el barco
mașină de pompieri
la autobomba
autobuz
el colectivo
camion
el camión
șalupă
la lancha a motor
bicicletă
la bicicleta
autovehicul
el auto

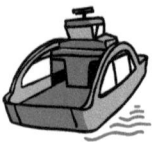

feribot

el ferry

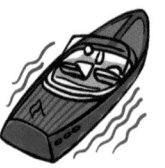

barcă

el bote

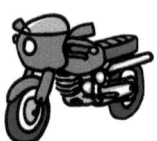

motocicletă

la moto

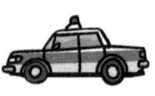

mașină de poliție

el patrullero

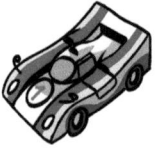

mașină de curse

el auto de carreras

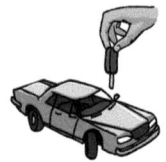

mașină închiriată

el auto de alquiler

car sharing

el alquiler de autos

maşină de tractat

la grúa

maşină de gunoi

el camión de la basura

motor

el motor

combustibil

la nafta

benzinărie

la estación de servicio

semn de circulaţie

la señal de tránsito

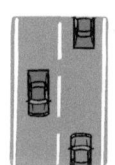

trafic

el tránsito

ambuteiaj

el embotellamiento

parcare

el estacionamiento

gară

la estación de tren

şine

las vías

tren

el tren

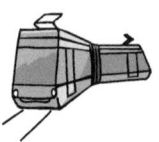

tramvai

el tranvía

vagon

el vagón

elicopter
el helicóptero

aeroport
el aeropuerto

turn
la torre

pasager
el pasajero

container
el contenedor

carton
la caja de cartón

cărucă
la carretilla

coș
la canasta

a decola/a ateriza
despegar / aterrizar

oraș
la ciudad

sat
el pueblo

centru
el centro de la ciudad

casă
la casa

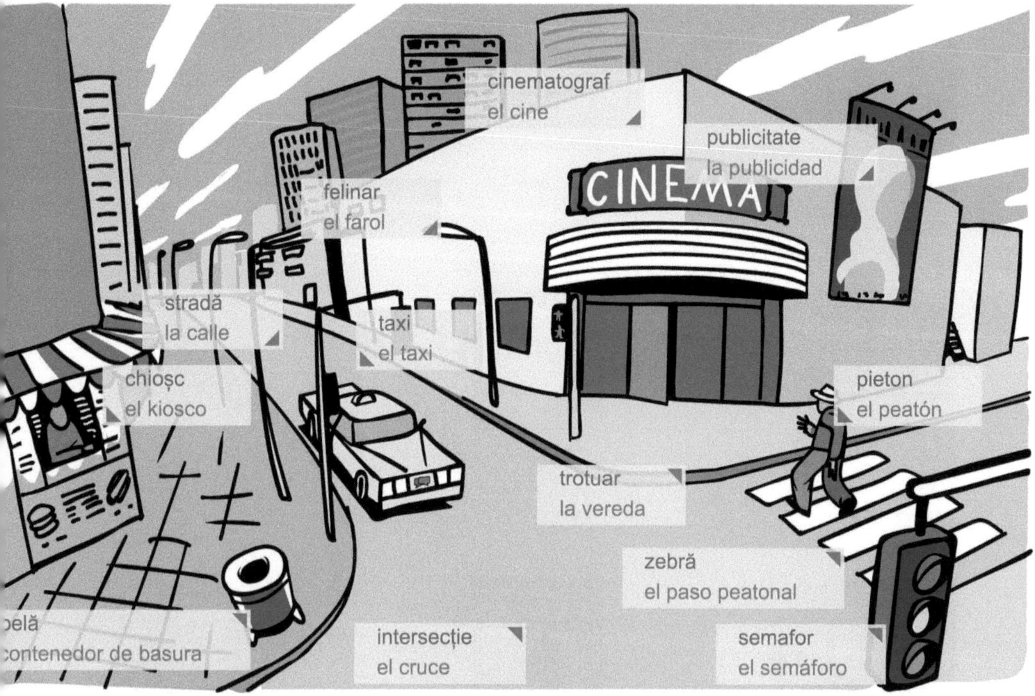

cinematograf
el cine
CINEMA
publicitate
la publicidad
felinar
el farol
stradă
la calle
taxi
el taxi
chioșc
el kiosco
pieton
el peatón
trotuar
la vereda
zebră
el paso peatonal
pelă
contenedor de basura
intersecție
el cruce
semafor
el semáforo

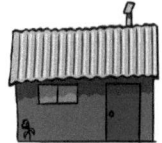

cabană
la cabaña

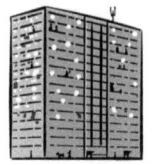

apartament
el departamento

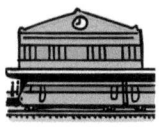

gară
la estación de tren

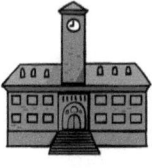

primărie
la municipalidad

MUSEUM

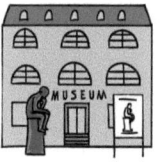

muzeu
el museo

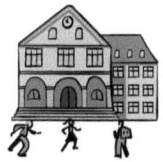

școală
el colegio

universitate

la universidad

bancă

el banco

spital

el hospital

hotel

el hotel

farmacie

la farmacia

birou

la oficina

librărie

la librería

magazin

el negocio

florărie

la florería

supermarket

el supermercado

piață

el mercado

magazin universal

las grandes tiendas

comerciant de pește

la pescadería

centru comercial

el centro comercial

port

el puerto

parc

el parque

bancă

el banco

pod

el puente

trepte

las escaleras

metrou

el subte

tunel

el túnel

stație de autobuz

la parada del colectivo

bar

el bar

restaurant

el restaurante

cutie poștală

el buzón

tăbliță indicatoare cu
numele străzii

el letrero

parcometru

el parquímetro

grădină zoologică

el zoológico

piscină

la pileta

moschee

la mezquita

gospodărie țărănească
la granja

poluare
la contaminación

cimitir
el cementerio

biserică
la iglesia

loc de joacă
los juegos infantiles

templu
el templo

peisaj
el paisaje

frunză
la hoja

indicator
el poste indicador

drum
el camino

pajiște
la pradera

piatră
la piedra

copac
el árbol

drumeț
el excursionista

râu
el río

iarbă
la hierba

floare
la flor

vale
el valle

deal
la montaña

lac
el lago

pădure
el bosque

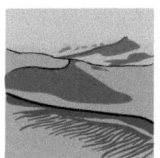

deșert
el desierto

vulcan
el volcán

castel
el castillo

curcubeu
el arco iris

ciupercă
el champiñón

palmier
la palmera

țânțar
el mosquito

muscă
la mosca

furnică
la hormiga

albină
la abeja

păianjen
la araña

gândac

el escarabajo

broască

la rana

veveriţă

la ardilla

arici

el erizo

iepure

la liebre

bufniţă

la lechuza

pasăre

el pájaro

lebădă

el cisne

porc mistreţ

el jabalí

cerb

el ciervo

elan

el alce

dig

la presa

turbină eoliană

el aerogenerador

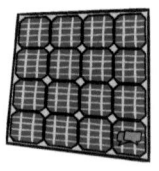

panou solar

el panel solar

climă

el clima

restaurant
el restaurante

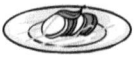

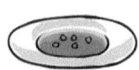

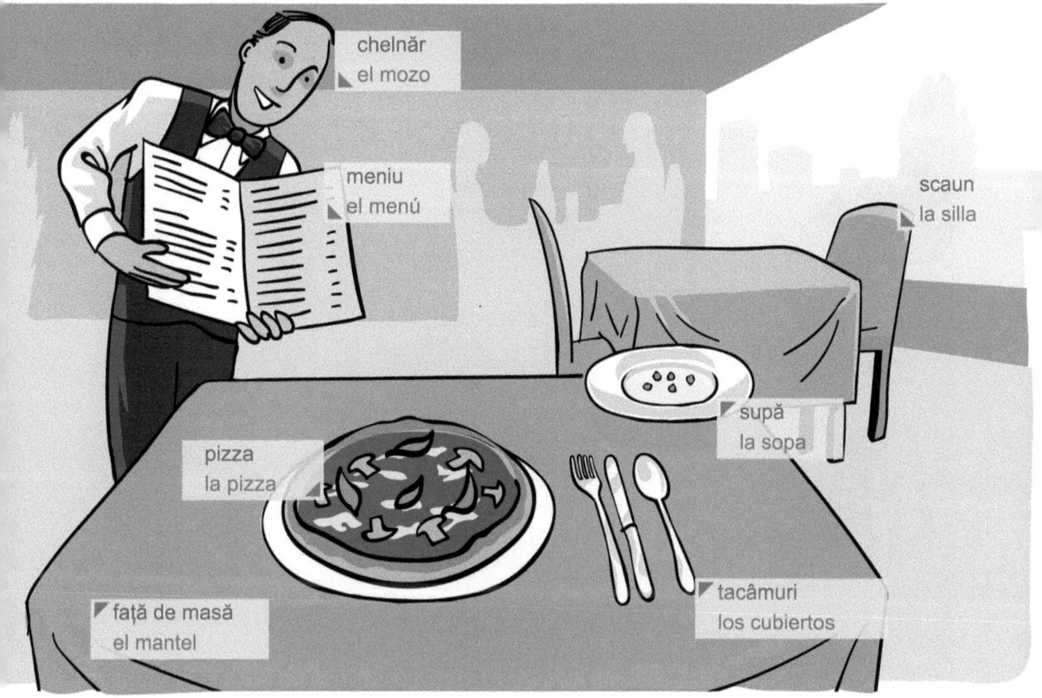
chelnăr
el mozo
meniu
el menú
scaun
la silla
supă
la sopa
pizza
la pizza
tacâmuri
los cubiertos
față de masă
el mantel

antreu

la entrada

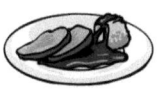

fel principal

el plato principal

desert

el postre

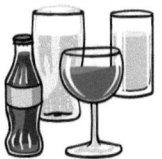

băuturi

las bebidas

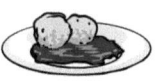

mâncare

la comida

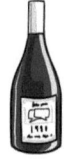

sticlă

la botella

fastfood

la comida rápida

streetfood

la comida callejera

ceainic

la tetera

zaharniță

la azucarera

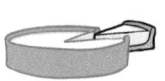

porție

la porción

espressor

la cafetera expreso

scaun înalt (pentru copii)

la sillita alta

factură

la cuenta

tavă

la bandeja

cuțit

el cuchillo

furculiță

el tenedor

lingură

la cuchara

linguriță

la cucharita

șervețel

la servilleta

pahar

el vaso

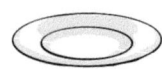

farfurie

el plato

farfurie de supă

el plato hondo

farfurie

el plato

sos

la salsa

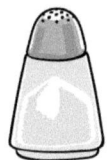

solniță

el salero

râșniță de piper

el molinillo de pimienta

oțet

el vinagre

ulei

el aceite

condimente

las especias

ketchup

el kétchup

muștar

la mostaza

maioneză

la mayonesa

supermarket
el supermercado

ofertă
la oferta especial
client
el cliente
produse lactate
los lácteos
FOR
fructe
la fruta
cărucior de cumpărături
el changuito

BUTCHERS

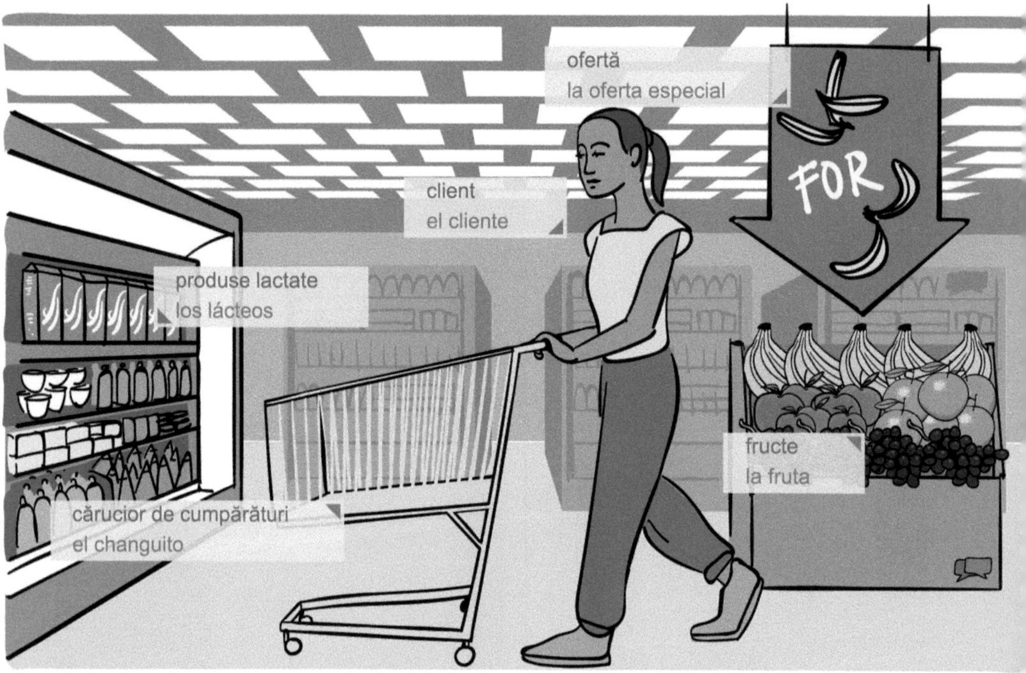

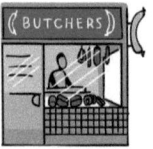

măcelărie

la carnicería

BAKERY

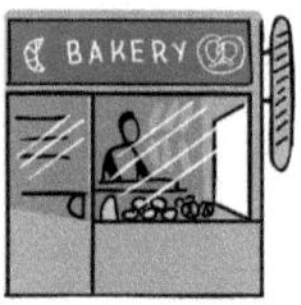

brutărie

la panadería

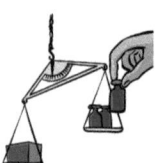

a cântări

pesar

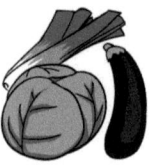

legume

las verduras

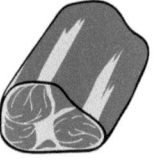

carne

la carne

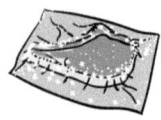

alimente refrigerate

los alimentos congelados

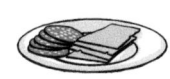

mezeluri și brânzeturi feliate

····················

los fiambres

conserve

los alimentos enlatados

detergent

el detergente en polvo

dulciuri

····················

las golosinas

articole de menaj

····················

los electrodomésticos

produse de curățenie

····················

los productos de limpieza

vânzătoare

····················

la vendedora

casă

····················

la caja

casier

····················

el cajero

listă de cumpărături

····················

la lista de compras

orar

····················

el horario de atención

portmoneu

····················

la billetera

carte de credit

····················

la tarjeta de crédito

geantă

····················

la cartera

pungă de plastic

····················

la bolsa de plástico

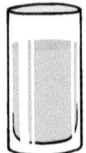

apă

el agua

suc

el jugo

lapte

la leche

cola

la bebida cola

vin

el vino

bere

la cerveza

alcool

el alcohol

cacao

el cacao

ceai

el té

cafea

el café

espresso

el café expreso

cappucino

el cappuccino

banane

la banana

măr

la manzana

portocală

la naranja

pepene

el melón

lămâie

el limón

morcov

la zanahoria

usturoi

el ajo

bambus

el bambú

ceapă

la cebolla

ciupercă

el champiñón

nuci

las nueces

paste făinoase

los fideos

spagheti

los tallarines

orez

el arroz

salată

la ensalada

cartofi prăjiți

las papas fritas

cartofi țărănești

las papas fritas

pizza

la pizza

hamburger

la hamburguesa

sandwich

el sándwich

șnițel

el churrasco

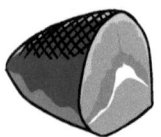

șuncă

el jamón

salam

el salame

cârnați

la salchicha

pui

el pollo

friptură

el asado

pește

el pescado

fulgi de ovăz

los copos de avena

musli

el muesli

cereale

los copos de maíz

făină

la harina

corn

la medialuna

chifle

el pancito

pâine

el pan

pâine prăjită

la tostada

biscuiți

las galletitas

unt

la manteca

brânză de vaci

la cuajada

prăjitură

la torta

ou

el huevo

ouă ochiuri

el huevo frito

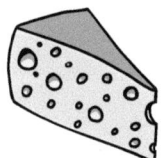

brânză

el queso

îngheţată

el helado

zahăr

el azúcar

miere

la miel

marmeladă

la mermelada

cremă nuga

la pasta de chocolate

curry

el curry

gospodărie ţărănească
la granja

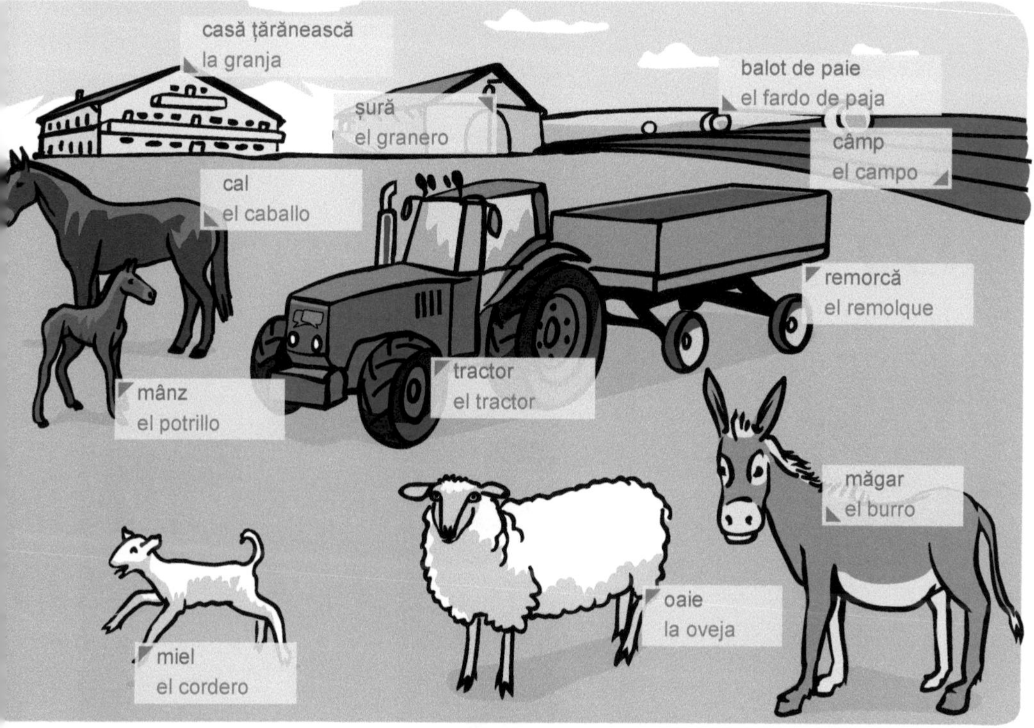

casă ţărănească
la granja
şură
el granero
balot de paie
el fardo de paja
câmp
el campo
cal
el caballo
remorcă
el remolque
mânz
el potrillo
tractor
el tractor
măgar
el burro
oaie
la oveja
miel
el cordero

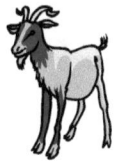

capră
la cabra

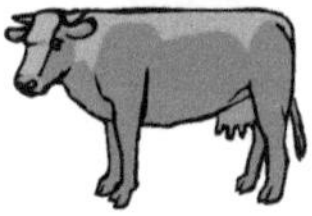

vacă
la vaca

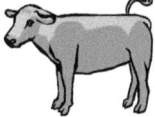

viţel
el ternero

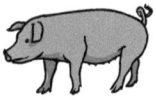

porc
el cerdo

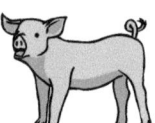

purcel
el lechón

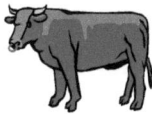

taur
el toro

găină

el ganso

rață

el pato

pui

el pollo

găină

la gallina

cocoș

el gallo

șobolan

la rata

pisică

el gato

șoarece

el ratón

bou

el buey

câine

el perro

cușcă

la cucha

furtun de grădină

la manguera

stropitoare

la regadera

coasă

la guadaña

plug

el arado

seceră

la hoz

sapă

la azada

furcă

la horquilla

secure

el hacha

roabă

la carretilla

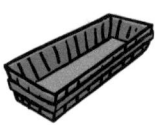

troacă

el abrevadero

cană pentru lapte

la lechera

sac

la bolsa

gard

la reja

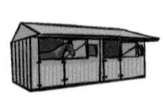

grajd

el establo

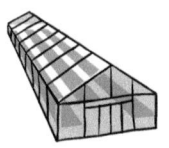

seră

el invernadero

sol

el suelo

sămânță

la semilla

fertilizator

el fertilizador

combină de treierat

la cosechadora

a culege
....
cosechar

recoltă
....
la cosecha

cartof yam
....
las batatas

grâu
....
el trigo

soia
....
la soja

cartof
....
la papa

porumb
....
el maíz

rapiță
....
la semilla de colza

pom fructifer
....
el árbol frutal

manioc
....
la mandioca

cereale
....
los cereales

horn
la chimenea

acoperiș
el techo

scoc
el caño de desagüe

geam
la ventana

garaj
el garaje

sonerie
el timbre

ușă
la puerta

coș de gunoi
el tacho de basura

cutie poștală
el buzón

grădină
el jardín

cameră de zi
....
el living

baie
....
el baño

bucătărie
....
la cocina

dormitor
....
el dormitorio

camera copiilor
....
el cuarto de los chicos

sufragerie
....
el comedor

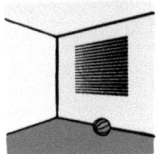

podea
el piso

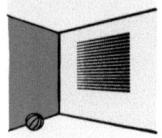

perete
la pared

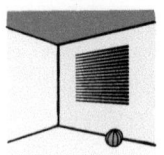

tavan
el cielorraso

pivniță
el sótano

saună
el sauna

balcon
el balcón

terasă
la terraza

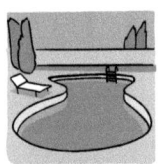

piscină
la pileta

mașină de tuns iarba
la cortadora de pasto

cearșaf
la sábana

cuvertură
el acolchado

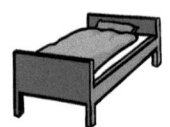

pat
la cama

mătură
la escoba

găleată
el balde

întrerupător
el interruptor

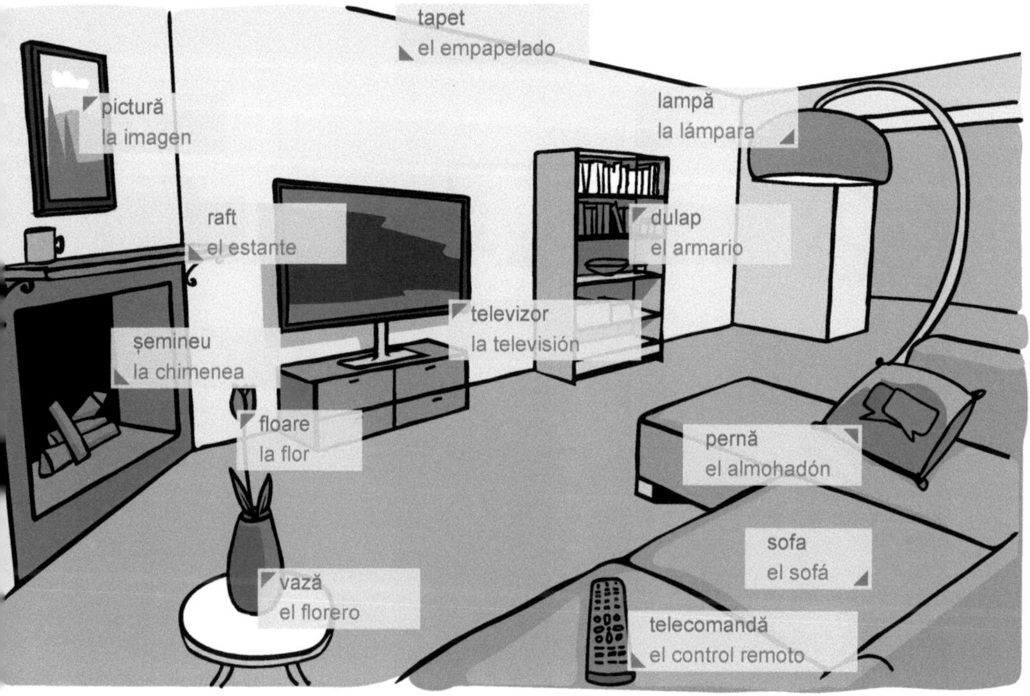

tapet
el empapelado

pictură
la imagen

lampă
la lámpara

raft
el estante

dulap
el armario

șemineu
la chimenea

televizor
la televisión

floare
la flor

pernă
el almohadón

sofa
el sofá

vază
el florero

telecomandă
el control remoto

covor
la alfombra

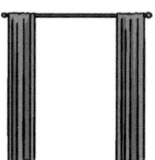

perdea
la cortina

masă
la mesa

scaun
la silla

balansoar
la mecedora

fotoliu
el sillón

carte

el libro

pătură

la frazada

decoraţiune

la decoración

lemn de foc

la leña

film

la película

instalaţie stereo

el equipo de música

cheie

la llave

ziar

el diario

desen

la pintura

poster

el póster

radio

la radio

caiet de notiţe

el cuaderno

aspirator

la aspiradora

cactus

el cactus

lumânare

la vela

bucătărie
la cocina

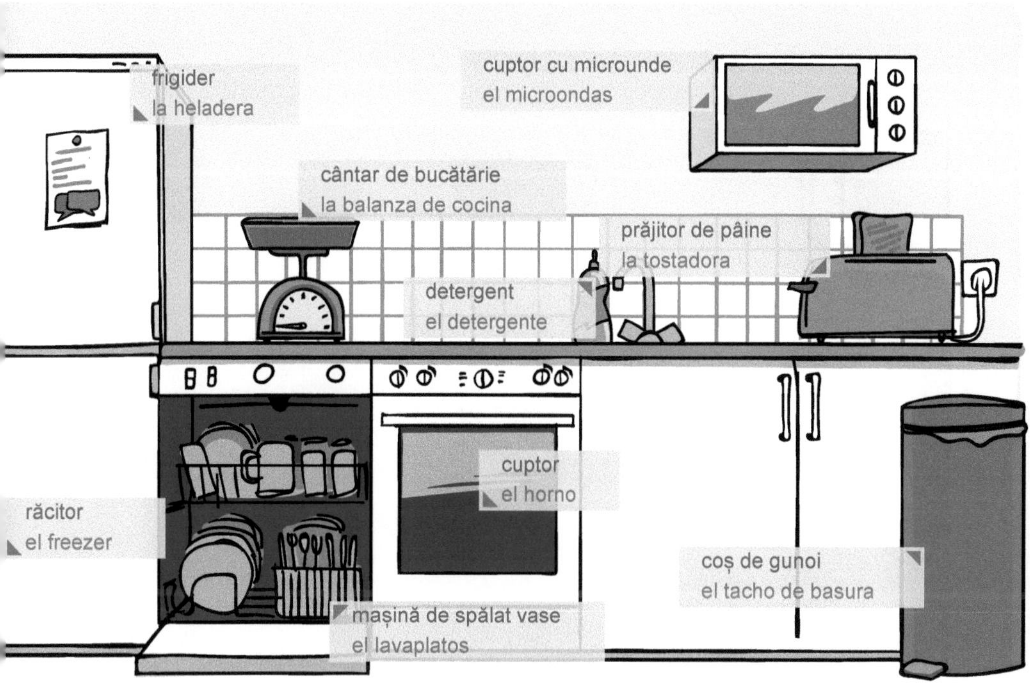
frigider
la heladera
cuptor cu microunde
el microondas
cântar de bucătărie
la balanza de cocina
prăjitor de pâine
la tostadora
detergent
el detergente
cuptor
el horno
răcitor
el freezer
coș de gunoi
el tacho de basura
mașină de spălat vase
el lavaplatos

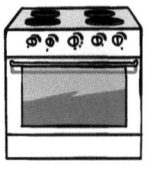

cuptor
la cocina

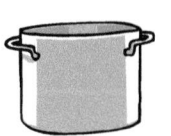

oală
la olla

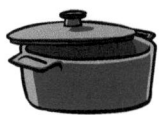

oală de metal
la olla de hierro fundido

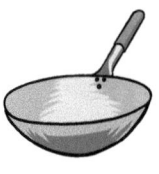

wok/kadai
el wok

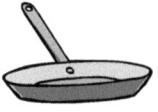

tigaie
la sartén

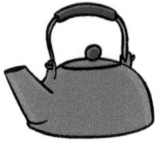

ceainic
la pava

oală de gătit cu aburi

la vaporera

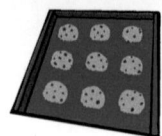

tavă de copt

la bandeja de horno

vaselă

la vajilla

pahar

la taza

bol

el bol

bețișoare

los palitos

polonic

el cucharón

spatulă

la espátula

tel

la batidora

sită

el colador

sită

el colador

răzătoare

el rallador

mojar

el mortero

grătar

la parrilla

loc pentru grătar

la fogata

tocător
la tabla de picar

sucitor
el palo de amasar

tirbușon
el sacacorchos

conservă
la lata

deschizător de conserve
el abrelatas

șervete termice
la manopla

chiuvetă
la pileta

perie
el cepillo

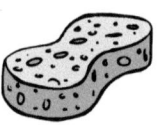

burete
la esponja

mixer
la batidora

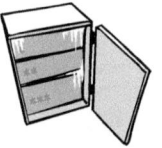

ladă frigorifică
el congelador

biberon
la mamadera

robinet
la canilla

baie

el baño

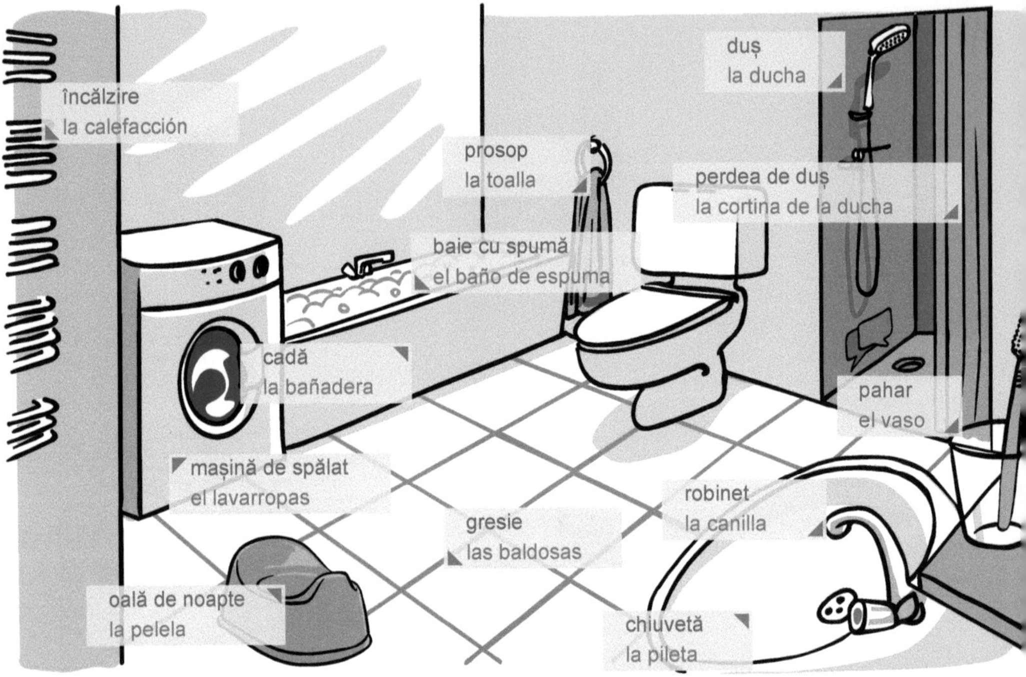

duș
la ducha
încălzire
la calefacción
prosop
la toalla
perdea de duș
la cortina de la ducha
baie cu spumă
el baño de espuma
cadă
la bañadera
pahar
el vaso
mașină de spălat
el lavarropas
robinet
la canilla
gresie
las baldosas
oală de noapte
la pelela
chiuvetă
la pileta

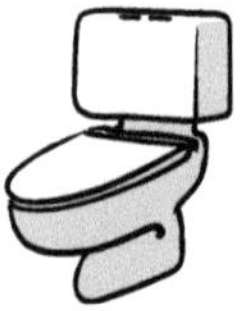

toaletă

el inodoro

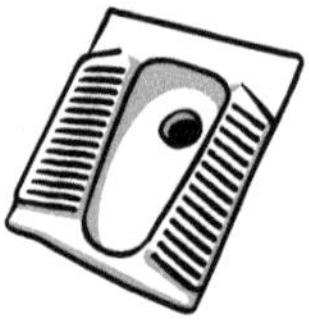

toaletă turcească

la letrina

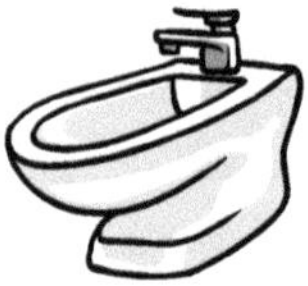

bideu

el bidé

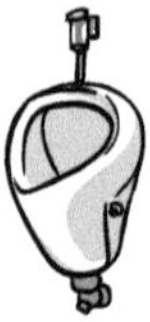

pisoir

el mingitorio

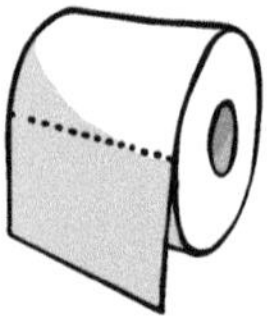

hârtie igienică

el papel higiénico

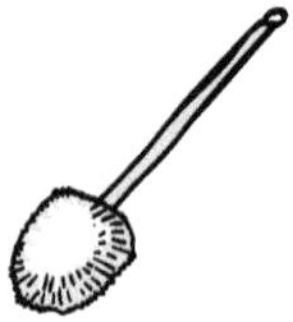

perie de toaletă

el cepillo para el inodoro

periuță de dinți

el cepillo de dientes

pastă de dinți

el dentífrico

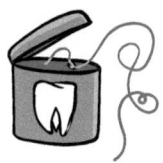

ață dentară

el hilo dental

a spăla

lavar

cap de duș

la ducha de mano

duș intim

la ducha higiénica

lavoar

la palangana

perie pentru spate

el cepillo para la espalda

săpun

el jabón

gel de duș

el gel de ducha

șampon

el shampoo

cârpă de spălat

la toallita

scurgere

el desagüe

cremă

la crema

deodorant

el desodorante

oglindă

el espejo

oglindă cosmetică

el espejito

aparat de ras

la maquinita de afeitar

spumă de ras

la espuma de afeitar

aftershave

el aftershave

pieptene

el peine

perie

el cepillo

uscător de păr

el secador de pelo

fixator

el spray

machiaj

el maquillaje

ruj

el lápiz de labios

lac de unghii

el esmalte para uñas

vată

el algodón

foarfece de unghii

la tijera para uñas

parfum

el perfume

neseser

el portacosméticos

taburet

la banqueta

cântar

la balanza

halat de baie

la bata

mănuși de cauciuc

los guantes de goma

tampon

el tampón

tampon

la toallita femenina

toaletă chimică

el baño químico

camera copiilor
el cuarto de los chicos

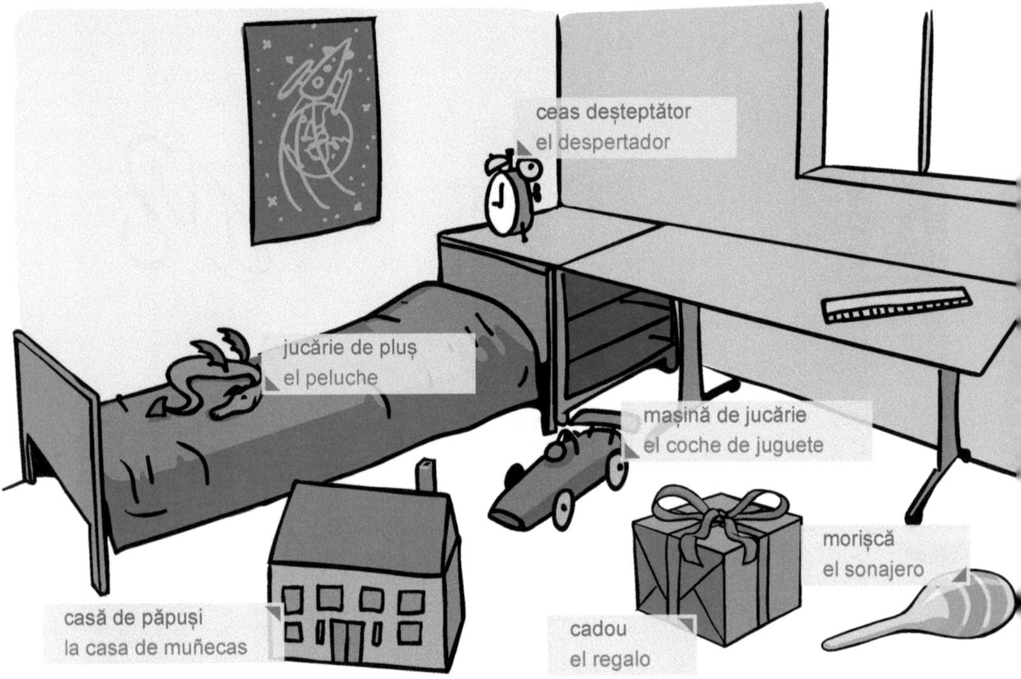
ceas deșteptător
el despertador
jucărie de pluș
el peluche
mașină de jucărie
el coche de juguete
morișcă
el sonajero
casă de păpuși
la casa de muñecas
cadou
el regalo

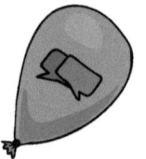

balon

el globo

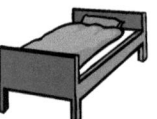

pat

la cama

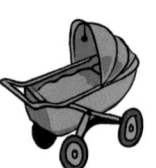

cărucior de copii

el cochecito

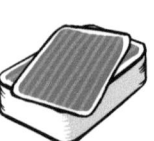

joc de cărți

las cartas

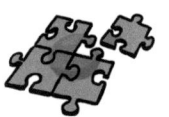

puzzle

el rompecabezas

revistă de benzi desenate

la historieta

cuburi lego

las piezas de lego

piese pentru construcţii

los ladrillos de juguete

personaj din filmele de acţiune

la figura de acción

body

el enterito (de bebé)

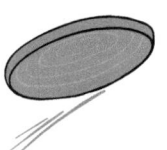

frisbee

el frisbee

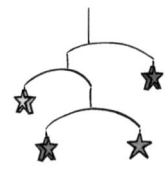

mobil

el móvil para bebés

joc de societate

el juego de mesa

zar

los dados

set trenuleţ de jucărie

el tren eléctrico

suzetă

el chupete

petrecere

la fiesta

carte cu poze

el libro de cuentos ilustrado

minge

la pelota

păpuşă

la muñeca

a se juca

jugar

groapă de nisip

el arenero

leagăn

la hamaca

jucării

los juguetes

consolă video

la consola de videojuegos

tricicletă

el triciclo

ursuleț

el osito de peluche

dulap

el armario

îmbrăcăminte

la ropa

șosete

las medias

ciorapi

las medias panty

dres

las calzas

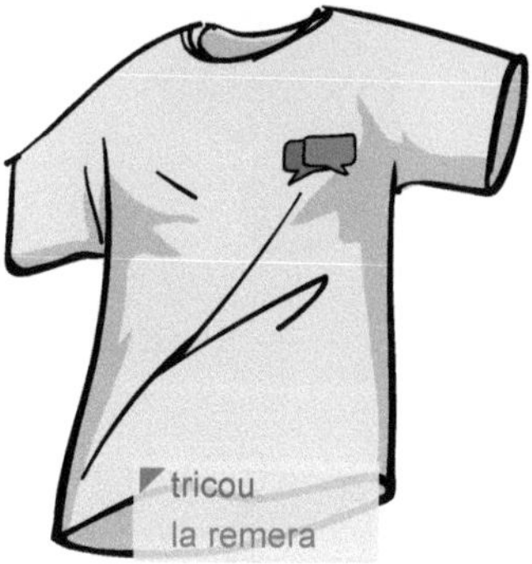

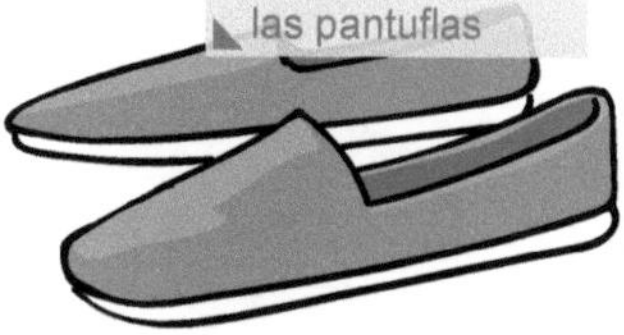

şal
la bufanda

curea
el cinturón

umbrelă
el paraguas

tricou
la remera

cizme
las botas

papuci
las pantuflas

pantofi sport
las zapatillas

sandale

las sandalias

încălţăminte

los zapatos

cizme de cauciuc

las botas de goma

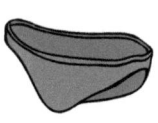

chilot

la ropa interior

sutien

el corpiño

maiou

el chaleco

body

el body

pantaloni

los pantalones

blugi

los jeans

fustă

la pollera

bluză

la blusa

cămașă

la camisa

pulover

el pulóver

jerseu

el buzo

sacou

el blazer

jachetă

la campera

palton

el tapado

pelerină de ploaie

el piloto

costum

el traje

rochie

el vestido

rochie de mireasă

el vestido de novia

costum
el traje

cămașă de noapte
el camisón

pijama
el pijama

sari
el sari

batic
el pañuelo para la cabeza

turban
el turbante

burka
la burka

caftan
el caftán

abaya
la abaya

costum de baie
el traje de baño

șort
el short de baño

pantaloni scurți
los shorts

trening
el jogging

șorț
el delantal

mănuși
los guantes

nasture

el botón

ochelari

los anteojos

brăţară

la pulsera

lanţ

el collar

inel

el anillo

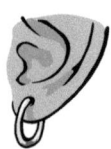

cercel

el aro

căciulă

la gorra

umeraş

la percha

pălărie

el sombrero

cravată

la corbata

fermoar

el cierre

cască

el casco

bretele

los tiradores

uniformă şcolară

el uniforme escolar

uniformă

el uniforme

bavețică
·······
el babero

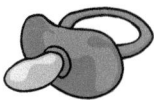

suzetă
·······
el chupete

scutec
·······
el pañal

birou
la oficina

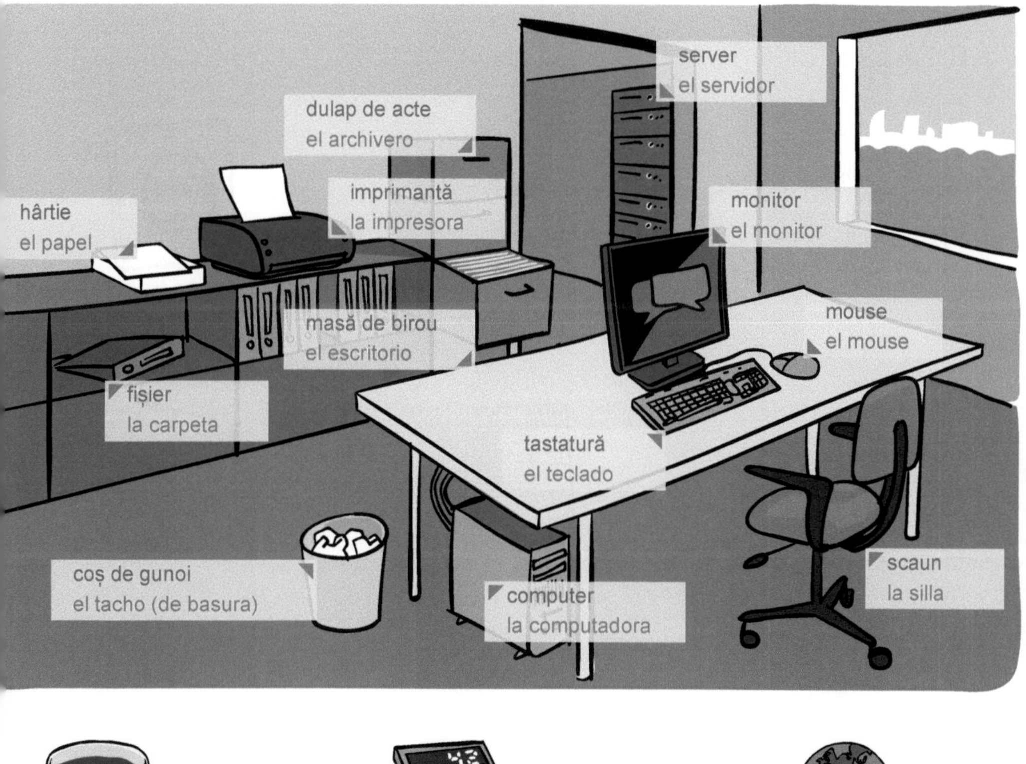

server
el servidor

dulap de acte
el archivero

imprimantă
la impresora

monitor
el monitor

hârtie
el papel

masă de birou
el escritorio

mouse
el mouse

fișier
la carpeta

tastatură
el teclado

coș de gunoi
el tacho (de basura)

computer
la computadora

scaun
la silla

ceașcă de cafea
·······
la taza de café

calculator
·······
la calculadora

internet
·······
el internet

laptop

la laptop

scrisoare

la carta

mesaj

el mensaje

telefon mobil

el celular

rețea

la red

copiator

la fotocopiadora

software

el software

telefon

el teléfono

priză

el tomacorriente

fax

el fax

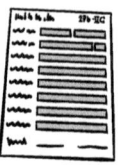

formular

el formulario

document

el documento

a cumpăra

comprar

a plăti

pagar

a face comerţ

hacer negocios

bani

el dinero

Dolar

el dólar

Euro

el euro

Yen

el yen

Rublă

el rublo

Franc Elveţian

el franco suizo

renminbi yuan

el yuan

Rupie

la rupia

bancomat

el cajero automático

casă de schimb valutar

la casa de cambio

aur

el oro

argint

la plata

petrol

el petróleo

energie

la energía

preț

el precio

contract

el contrato

impozit

el impuesto

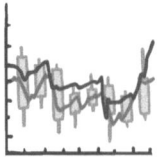

acțiune

la acción

a munci

trabajar

angajat

el empleado

angajator

el empleador

fabrică

la fábrica

magazin

el negocio

ocupații
las ocupaciones

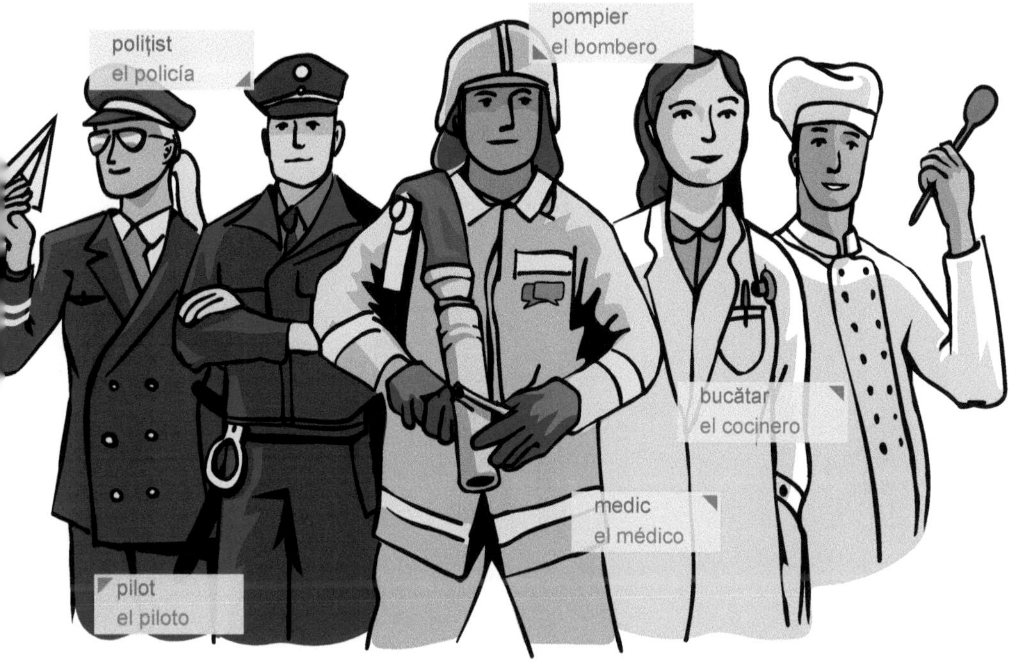

polițist
el policía
pompier
el bombero
bucătar
el cocinero
medic
el médico
pilot
el piloto

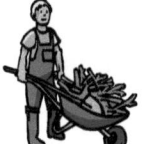

grădinar

el jardinero

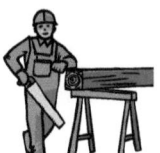

tâmplar

el carpintero

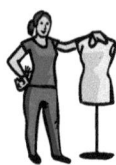

cusătoreasă

la modista

judecător

el juez

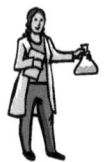

chimist

el farmacéutico

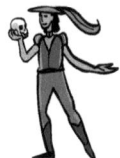

actor

el actor

șofer de autobuz

el colectivero

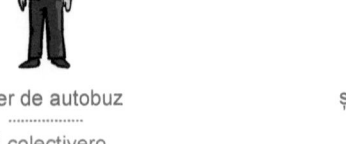

șofer de taxi

el taxista

pescar

el pescador

femeie de serviciu

la mucama

tinichigiu

el techista

chelnăr

el mozo

vânător

el cazador

pictor

el pintor

brutar

el panadero

electrician

el electricista

muncitor în construcții

el albañil

inginer

el ingeniero

măcelar

el carnicero

instalator

el plomero

poștaș

el cartero

soldat
el soldado

arhitect
el arquitecto

casier
el cajero

florar
el florista

frizer
el peluquero

controlor
el cobrador

mecanic
el mecánico

căpitan
el capitán

stomatolog
el dentista

om de știință
el científico

rabin
el rabino

imam
el imán

călugăr
el monje

preot
el sacerdote

instrumente

las herramientas

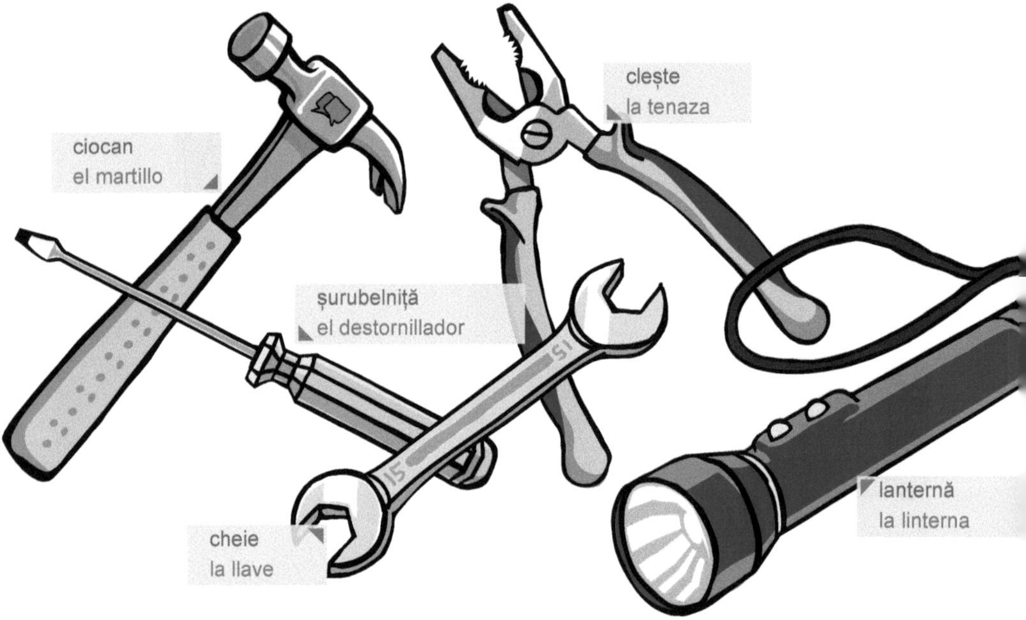
ciocan
el martillo
clește
la tenaza
șurubelniță
el destornillador
cheie
la llave
lanternă
la linterna

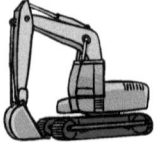

excavator

la excavadora

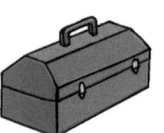

cutie de scule

la caja de herramientas

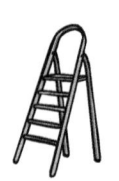

scară

la escalera portátil

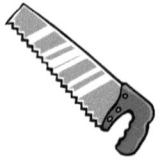

ferăstrău

la sierra

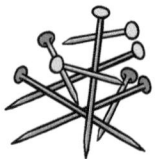

cuie

los clavos

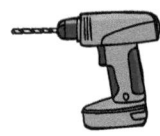

burghiu

el taladro

a repara
arreglar

lopată
la pala de jardín

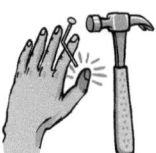

La naiba!
¡Qué bronca!

făraș
la pala de plástico

vas pentru vopsea
el tacho de pintura

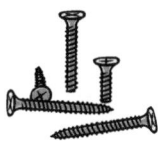

șuruburi
los tornillos

instrumente muzicale
los instrumentos musicales

set tobe
la batería

difuzor
el parlante

chitară
la guitarra

contrabas
el contrabajo

trompetă
la trompeta

pian

el piano

vioară

el violín

bas

el bajo

trombon

los timbales

tobă

el tambor

keyboard

el teclado

saxofon

el saxofón

fluier

la flauta

microfon

el micrófono

instrumente muzicale - los instrumentos musicales

intrare
la entrada

tigru
el tigre

cuşcă
la jaula

zebră
la cebra

mâncare pentru animale
el alimento para animales

panda
el oso panda

animale
....
los animales

elefant
....
el elefante

cangur
....
el canguro

rinocer
....
el rinoceronte

gorilă
....
el gorila

urs
....
el oso

cămilă

el camello

struț

el avestruz

leu

el león

maimuță

el mono

flamingo

el flamenco

papagal

el loro

urs polar

el oso polar

pinguin

el pingüino

rechin

el tiburón

păun

el pavo real

șarpe

la serpiente

crocodil

el cocodrilo

îngrijitor grădina zoologică

el cuidador del zoológico

focă

la foca

jaguar

el jaguar

ponei

el poni

leopard

el leopardo

hipopotam

el hipopótamo

girafă

la jirafa

acvilă

el águila

porc mistreț

el jabalí

pește

el pescado

broască țestoasă

la tortuga

morsă

la morsa

vulpe

el zorro

gazelă

la gacela

fotbal american
el fútbol americano

ciclism
el ciclismo

tenis
el tenis

basketball
el básquet

înot
la natación

hockey pe gheață
el hockey sobre hielo

box
el boxeo

fotbal
el fútbol

badminton
el bádminton

atletism
el atletismo

handbal
el handball

schi
el esquí

polo
el polo

activități
las actividades

a sări
saltar
a îmbrățișa
abrazar
a râde
reír
a merge
caminar
a cânta
cantar
a visa
soñar
a se ruga
rezar
a săruta
besar

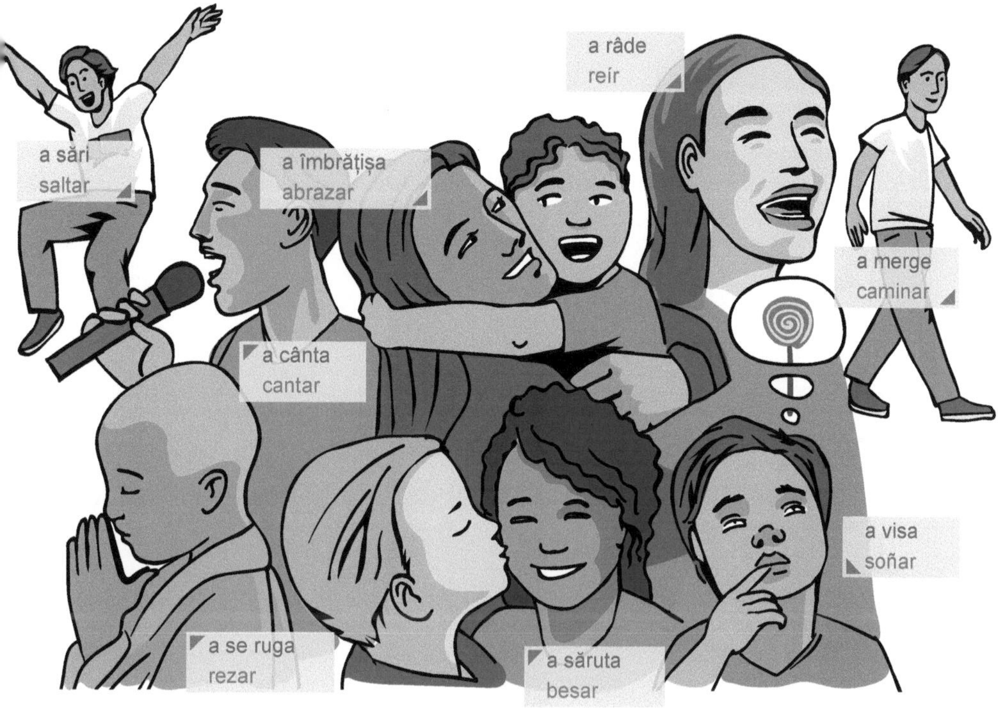

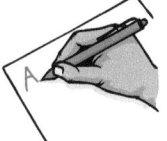

a scrie

escribir

a desena

dibujar

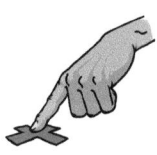

a arăta

mostrar

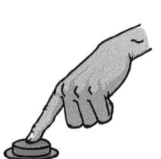

a împinge

presionar

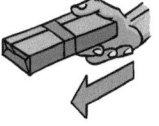

a da

dar

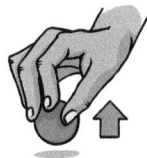

a lua

tomar

a avea

tener

a face

hacer

a fi

ser

a sta în picioare

estar parado

a fugi

correr

a trage

tirar

a arunca

tirar

a cădea

caer

a sta întins

estar acostado

a aștepta

esperar

a purta

llevar

a ședea

estar sentado

a se îmbrăca

vestirse

a dormi

dormir

a se trezi

despertar

a privi

mirar

a plânge

llorar

a mângâia

acariciar

a se pieptăna

peinar

a vorbi

hablar

a înțelege

entender

a întreba

preguntar

a asculta

escuchar

a bea

beber

a mânca

comer

a face ordine

ordenar

a iubi

amar

a găti

cocinar

a conduce

manejar

a zbura

volar

a naviga

navegar

a calcula

calcular

a citi

leer

a învăța

aprender

a munci

trabajar

a se căsători

casarse

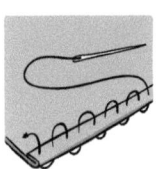

a coase

coser

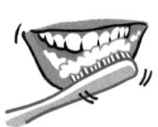

a se spăla pe dinți

cepillarse los dientes

a ucide

matar

a fuma

fumar

a trimite

enviar

bunică
la abuela

bunic
el abuelo

tată
el padre

mamă
la madre

bebeluş
el bebé

soră
la hija

fiu
el hijo

oaspete
el invitado

mătuşă
la tía

unchi
el tío

frate
el hermano

soră
la hermana

corp

el cuerpo

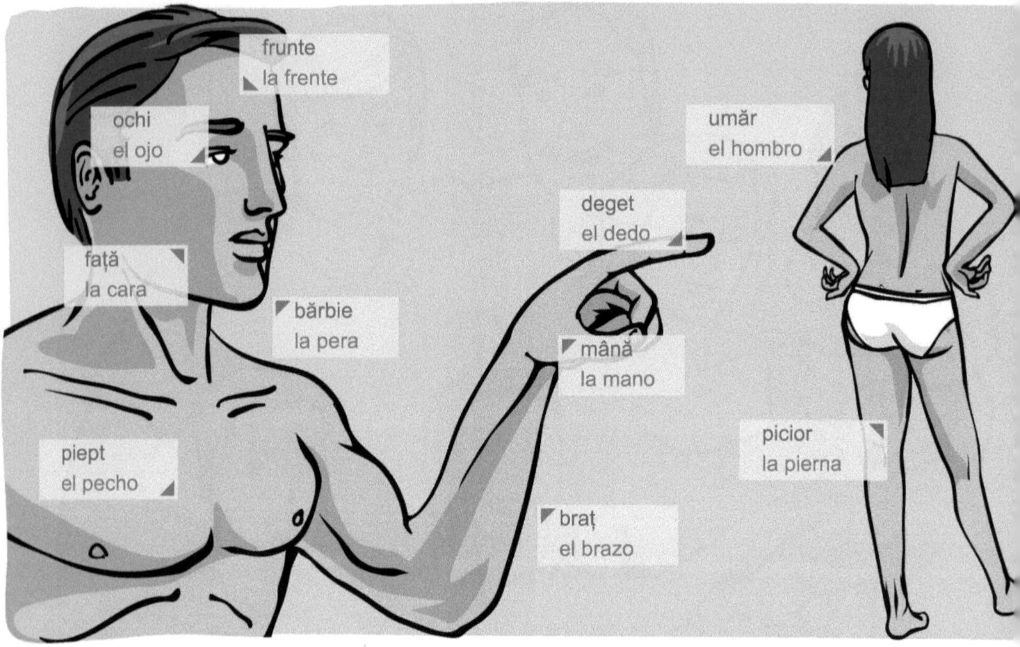

frunte
la frente
ochi
el ojo
umăr
el hombro
deget
el dedo
față
la cara
bărbie
la pera
mână
la mano
picior
la pierna
piept
el pecho
braț
el brazo

bebeluș

el bebé

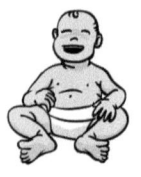

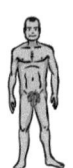

bărbat

el hombre

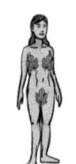

femeie

la mujer

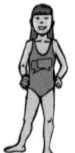

fată

la nena

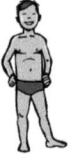

băiat

el nene

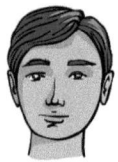

cap

la cabeza

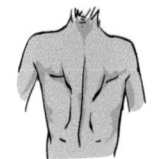

spate

la espalda

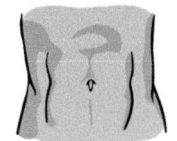

abdomen

la panza

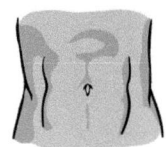

ombilic

el ombligo

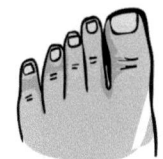

deget de la picior

el dedo del pie

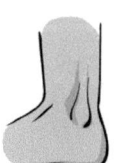

călcâi

el talón

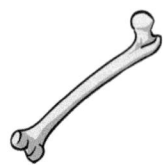

os

el hueso

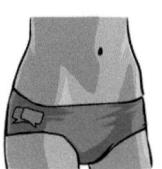

șold

la cadera

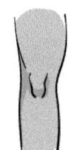

genunchi

la rodilla

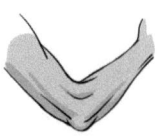

cot

el codo

nas

la nariz

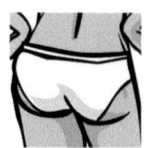

fund

la cola

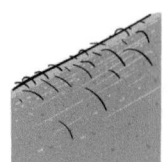

piele

la piel

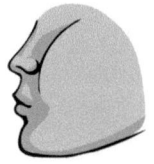

obraz

el cachete

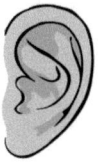

ureche

la oreja

buză

el labio

gură

la boca

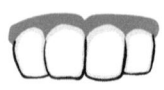

dinte

el diente

limbă

la lengua

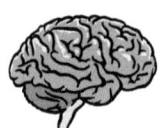

creier

el cerebro

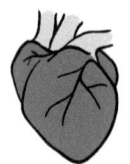

inimă

el corazón

muşchi

el músculo

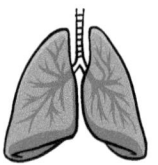

plămân

el pulmón

ficat

el hígado

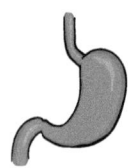

stomac

el estómago

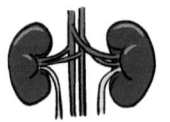

rinichi

los riñones

sex

el sexo

prezervativ

el preservativo

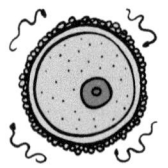

ovul

el óvulo

spermă

el semen

sarcină

el embarazo

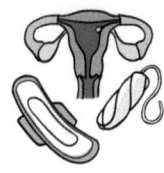

menstruație
....
la menstruación

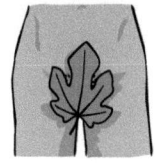

vagin
....
la vagina

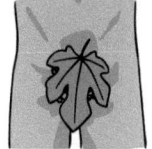

penis
....
el pene

sprânceană
....
la ceja

păr
....
el pelo

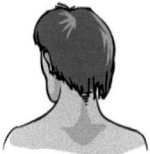

gât
....
el cuello

spital
el hospital

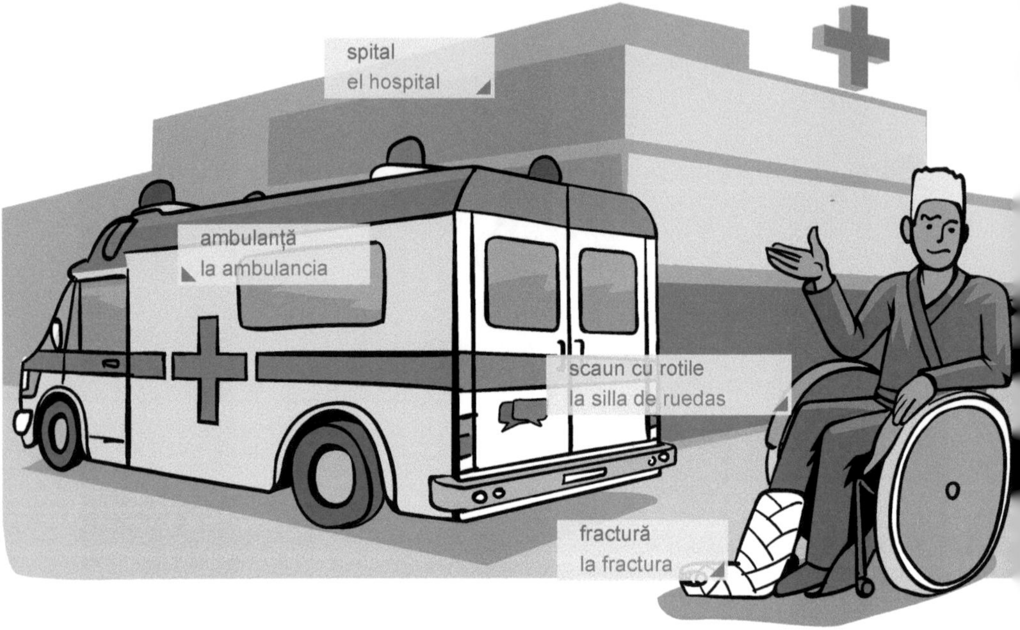

spital
el hospital
ambulanță
la ambulancia
scaun cu rotile
la silla de ruedas
fractură
la fractura

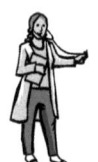

medic

el médico

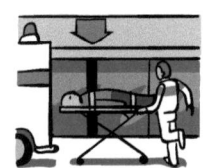

unitate de primiri urgențe

la sala de guardia

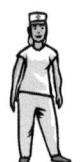

soră medicală

la enfermera

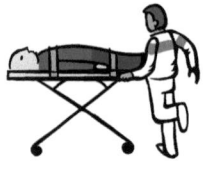

urgență

la emergencia

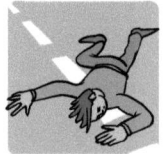

inconștient

inconsciente

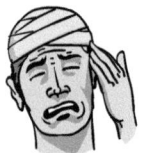

durere

el dolor

leziune

la lesión

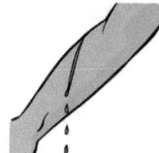

sângerare

la hemorragia

infarct miocardic

el infarto

atac cerebral

el ACV

alergie

la alergia

tuse

la tos

febră

la fiebre

gripă

la gripe

diaree

la diarrea

durere de cap

el dolor de cabeza

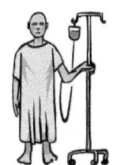

cancer

el cáncer

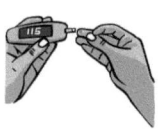

diabet

la diabetes

chirurg

el cirujano

scalpel

el bisturí

operaţie

la operación

CT
la TC

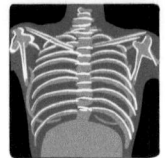

raze Röntgen
los rayos x

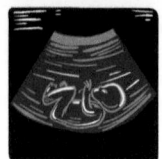

ultrasunet
la ecografía

mască
el barbijo

boală
la enfermedad

sală de așteptare
la sala de espera

cârjă
la muleta

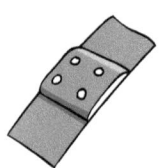

plasture
la curita

bandaj
la venda

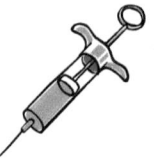

injecție
la inyección

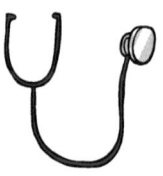

stetoscop
el estetoscopio

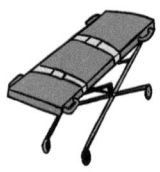

targă
la camilla

termometru
el termómetro

naștere
el nacimiento

supraponderabilitate
el sobrepeso

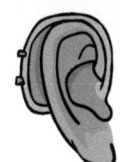

aparat auditiv

el audífono

dezinfectant

el desinfectante

infecţie

la infección

virus

el virus

HIV/SIDA

el VIH / SIDA

medicină

el remedio

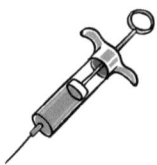

vaccin

la vacunación

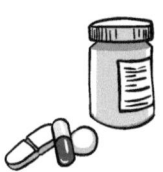

tablete

los comprimidos

pastilă

la pastilla anticonceptiva

apel de urgenţă

a llamada de emergencia

aparat de măsurare a
presiunii arteriale

el tensiómetro

bolnav/sănătos

enfermo / sano

Ajutor!

¡Ayuda!

alarmă

la alarma

agresiune

la agresión

atac

el ataque

pericol

el peligro

ieşire de urgenţă

la salida de emergencia

Foc!

¡Fuego!

extinctor

el matafuego

accident

el accidente

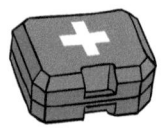

trusă de prim-ajutor

el botiquín de primeros
auxilios

SOS

el SOS

poliţie

la policía

Europa

Europa

America de Nord

América del Norte

America de Sud

América del Sur

Africa

África

Asia

Asia

Australia

Australia

Altantic

el Atlántico

Pacific

el Pacífico

Oceanul Indian

el Océano Índico

Oceanul Antarctic

el Océano Antártico

Oceanul Arctic

el Océano Ártico

Polul Nord

el polo norte

Polul Sud

el polo sur

Antarctica

la Antártida

pământ

la Tierra

țară

la tierra

mare

el mar

insulă

la isla

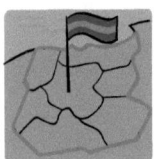

națiune

la nación

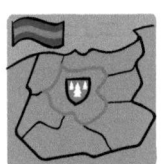

stat

el estado

cadran

la esfera

orar

la manecilla de las horas

minutar

el minutero

secundar

el segundero

Cât e ceasul?

¿Qué hora es?

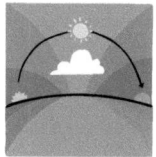

zi

el día

timp

la hora

acum

ahora

cead digital

el reloj digital

minut

el minuto

oră

la hora

săptămână
la semana

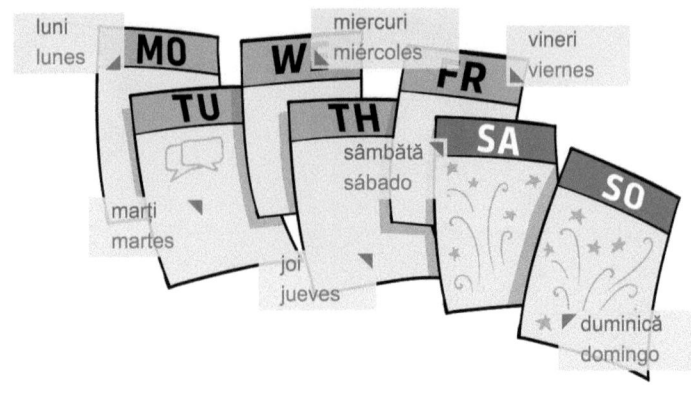

luni / lunes — **MO**
marți / martes — **TU**
miercuri / miércoles — **W**
joi / jueves — **TH**
vineri / viernes — **FR**
sâmbătă / sábado — **SA**
duminică / domingo — **SO**

ieri
ayer

azi
hoy

mâine
mañana

dimineață
la mañana

amiază
el mediodía

seară
la tarde

MO	TU	WE	TH	FR	SA	SU
1	2	3	4	5	6	7
8	9	10	11	12	13	14
15	16	17	18	19	20	21
22	23	24	25	26	27	28
29	30	31	1	2	3	4

zile lucrătoare
los días hábiles

MO	TU	WE	TH	FR	SA	SU
1	2	3	4	5	6	7
8	9	10	11	12	13	14
15	16	17	18	19	20	21
22	23	24	25	26	27	28
29	30	31	1	2	3	4

week-end
el fin de semana

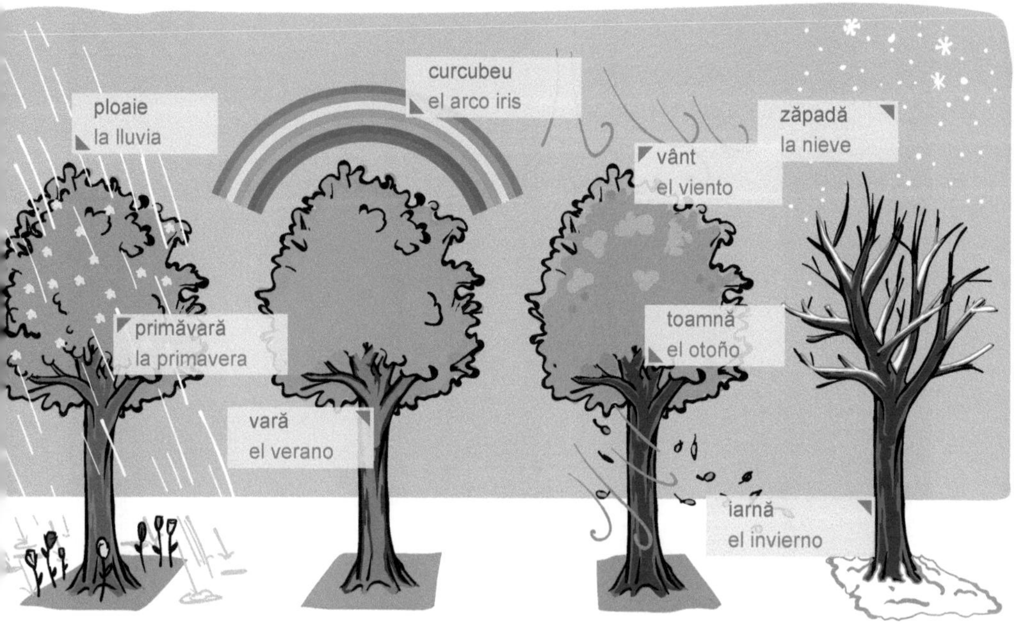

ploaie
la lluvia
curcubeu
el arco iris
zăpadă
la nieve
vânt
el viento
primăvară
la primavera
toamnă
el otoño
vară
el verano
iarnă
el invierno

4.APRIL 11°
5.APRIL 4°
6.APRIL 13°
7.APRIL 8°
8.APRIL 10°

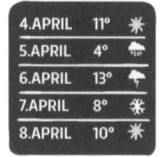

prognoză meteo

pronóstico meteorológico

F C
120 40
90 30
60 20
30 10
0 0
-30 -10
-20

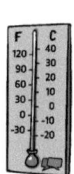

termometru

el termómetro

lumina soarelui

la luz del sol

nor

la nube

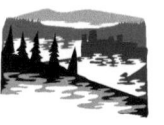

ceață

la niebla

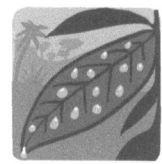

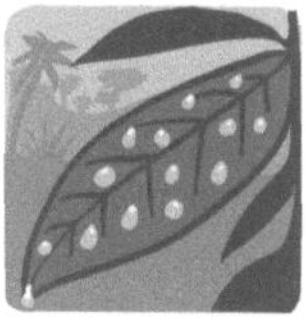

umiditate a aerului

la humedad

fulger
el rayo

tunet
el trueno

furtună
la tormenta

grindină
el granizo

muson
el monzón

inundaţie
la inundación

gheaţă
el hielo

ianuarie
enero

februarie
febrero

martie
marzo

aprilie
abril

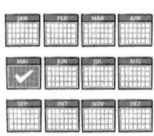

mai
mayo

iunie
junio

iulie
julio

august
agosto

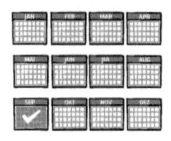

septembrie
....
septiembre

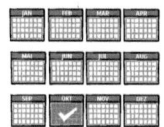

octombrie
....
octubre

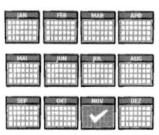

noiembrie
....
noviembre

decembrie
....
diciembre

forme
las formas

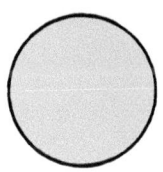

cerc
....
el círculo

pătrat
....
el cuadrado

dreptunghi
....
el rectángulo

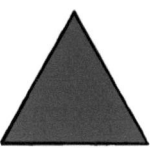

triunghi
....
el triángulo

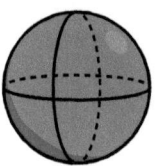

sferă
....
la esfera

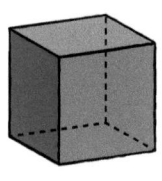

cub
....
el cubo

alb

blanco

galben

amarillo

portocaliu

naranja

roz

rosa

roşu

rojo

violet

violeta

albastru

azul

verde

verde

maro

marrón

gri

gris

negru

negro

mult/puțin

mucho / poco

furios/calm

enojado / tranquilo

frumos/urât

lindo / feo

început/sfârșit

el principio / el fin

mare/mic

grande / chico

luminos/întunecat

claro / oscuro

frate/soră

el hermano / la hermana

curat/murdar

limpio / sucio

complet/incomplet

completo / incompleto

zi/noapte

el día / la noche

mort/viu

muerto / vivo

lat/strâmt

ancho / angosto

comestibil/necomestibil

comestible / no comestible

rău/prietenos

malo / amable

emoţionat/plictisit

entusiasmado / aburrido

gras/slab

gordo / flaco

primul/ultimul

primero / último

prieten/inamic

el amigo / el enemigo

plin/gol

lleno / vacío

tare/moale

duro / blando

greu/uşor

pesado / liviano

foame/sete

el hambre / la sed

bolnav/sănătos

enfermo / sano

ilegal/legal

ilegal / legal

inteligent/stupid

inteligente / estúpido

stânga/drepta

izquierda / derecha

aproape/departe

cerca / lejos

antonime - los opuestos

nou/uzat

nuevo / usado

nimic/ceva

nada / algo

bătrân/tânăr

viejo / joven

pornit/oprit

encendido / apagado

deschis/închis

abierto / cerrado

încet/tare

silencioso / ruidoso

bogat/sărac

rico / pobre

corect/fals

correcto / incorrecto

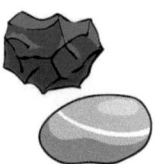

aspru/neted

áspero / suave

trist/fericit

triste / contento

lung/scurt

corto / largo

încet/repede

lento / rápido

ud/uscat

mojado / seco

cald/rece

caliente / frío

război/pace

guerra / paz

0

zero
cero

1

unu
uno

2

doi
dos

3

trei
tres

4

patru
cuatro

5

cinci
cinco

6

şase
seis

7

şapte
siete

8

opt
ocho

9

nouă
nueve

10

zece
diez

11

unsprezece
once

12	**13**	**14**
douăsprezece	treisprezece	paisprezece
doce	trece	catorce

15	**16**	**17**
cincisprezece	şaisprezece	şaptesprezece
quince	dieciséis	diecisiete

18	**19**	**20**
optsprezece	nouăsprezece	douăzeci
dieciocho	diecinueve	veinte

100	**1.000**	**1.000.000**
o sută	o mie	un milion
cien	mil	el millón

engleză

el inglés

engleză americană

el inglés americano

chineza mandarină

el chino mandarín

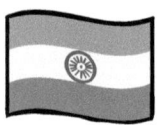

hindi

el hindi

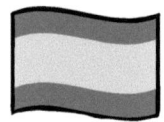

spaniolă

el español

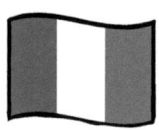

franceză

el francés

arabă

el árabe

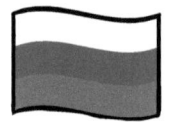

rusă

el ruso

protugheză

el portugués

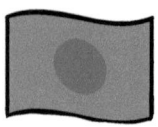

bengaleză

el bengalí

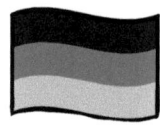

germană

el alemán

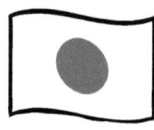

japoneză

el japonés

eu

yo

tu

vos

el/ea

él / ella

noi

nosotros

voi

ustedes

ea

ellos

cine?

¿quién?

ce?

¿qué?

cum?

¿cómo?

unde?

¿dónde?

când?

¿cuándo?

nume

el nombre

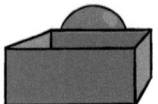

în spate

detrás

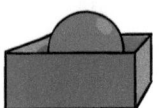

în

en

înainte

adelante de

peste

por encima de

pe

sobre

sub

debajo de

lângă

al lado de

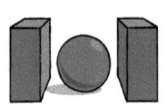

între

entre

loc

el lugar